FastTrack
ENSEÑANZA MUSICAL

Para la armónica diatónica C
Armónica 1

INTRODUCCIÓN

Compraste una armónica... ¿y ahora qué?

¡Felicitaciones! Se te ve fantástico con la armónica nueva (aunque estés volviendo locos a tu familia y a tus amigos). ¿No te parece que los vas a impresionar cuando finalmente aprendas a tocar esa cosa?

En pocas semanas, te enseñaremos a tocar tonadas populares, y a improvisar con frases y técnicas llenas de onda. Al terminar el libro, estarás listo para tocar en una banda y atreverte con los más famosos temas.

Lo único que pedimos es que sigas estos tres puntos: **paciencia**, **práctica** y **control del tiempo**.

No trates de hacer demasiado, y NO te saltes nada. Si te duelen los labios, tómate el día libre. Si te frustras, déjalo y regresa más tarde. Si te olvidas de algo, retrocede y apréndelo de nuevo. Si lo estás pasando bien, olvídate de la comida y sigue tocando. Y lo más importante, ¡diviértete!

SOBRE EL AUDIO

Nos complace que te hayas dado cuenta del regalo extra, ¡pistas de audio! Cada ejemplo musical del libro está incluido en el audio para que puedas escuchar cómo suena y toques con el audio cuando estés listo. Escúchalo cada vez que veas este símbolo: **❶**

Antes de cada ejemplo en el audio hay un compás de "tictac" para indicar cuál es el tiempo y el compás. Ve hacia la derecha para escuchar sólo la parte de la armónica. Ve hacia la izquierda para escuchar sólo el acompañamiento. A medida que tomes confianza, trata de tocar la armónica junto al resto de la banda.

Para tener acceso al audio visite:
www.halleonard.com/mylibrary

Enter Code
2972-6026-5416-4887

ISBN 978-0-634-04359-8

HAL•LEONARD®
7777 W. BLUEMOUND RD. P.O. BOX 13819 MILWAUKEE, WI 53213

Visita Hal Leonard en la red en
www.halleonard.com

UN BUEN LUGAR PARA COMENZAR

La armónica es tu amiga

Un instrumento puede ser como un amigo a lo largo de los años, apoyarte en los tiempos difíciles y ayudarte a salir de la depre con música. Entonces, ¿por qué no le pones nombre a tu armónica?

¿Has comprado el libro correcto?

Este libro te enseña a tocar la **armónica diatónica**, o **armónica de C (do)**. Si tienes una **armónica cromática**, hablaremos de ella en **FastTrack® Armónica 2**. Para saber si tiene la armónica correcta, observa las dos figuras a continuación. Para estudiar con este libro, debes tener la armónica que se muestra en la figura superior. (Si tienes ambas, ¡mejor!)

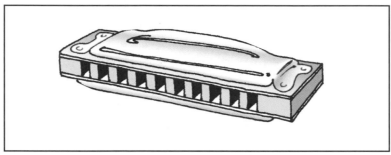

armónica diatónica de C

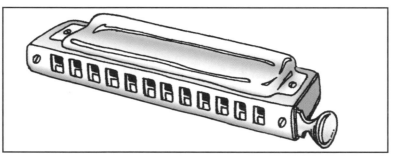

armónica cromática

 OBSERVACIÓN: Existen otras armónicas diatónicas (por ejemplo la armónica diatónica de F [fa]); por lo tanto, asegúrate de que tu harmónica sea de C (do). La tonalidad se encuentra estampada en la parte superior.

Mantén la armónica limpia

Afortunadamente, has elegido un instrumento que no requiere de mayor mantenimiento. No necesitas limpiadores ni cepillos especiales, ni tampoco una afinación anual, pero sí debes mantener armónica la limpia y seca.

Recuerda que estarás utilizando este instrumento con aire que sopla desde la boca. De vez en cuando, se acumulará saliva en su interior. Esto no es un problema; simplemente golpea la armónica contra la palma de tu mano o contra tu pierna. (¡Por este motivo es también conveniente no intentar tocar la armónica bajo el agua!)

Y nunca, repetimos, NUNCA toques tu armónica con comida en la boca. En primer lugar, es bastante desagradable para quien te escucha. En segundo lugar, si entra comida en tu armónica es bastante difícil limpiarla. Tampoco es higiénico tener en la boca un instrumento que huela a comida y con insectos en su interior, ¿no es cierto?

Cómo sostener la armónica

La manera de sostener la armónica es muy importante. La mejor manera de sostenerla es el **método C**, así llamado por la forma en que se coloca la mano izquierda.

Fíjate en la figura a continuación y sigue estos pasos:

 Cierra parcialmente la mano izquierda para ahuecarla (con la forma de la letra "C").

 Coloca la armónica como se muestra en la figura, sosteniéndola firme y cómodamente.

 Mantén los dedos ligeramente arqueados. Esto te permitirá tener un mayor control del sonido.

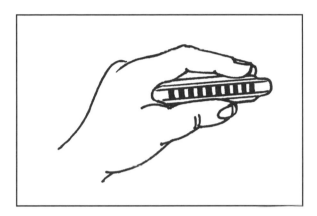

La mano derecha deberá envolver a la mano izquierda, con los dedos en torno al dedo meñique para sellar la cavidad.

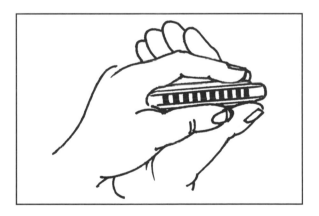

MUY IMPORTANTE: no olvides dejar un espacio para (a) leer los números en la parte superior de la armónica y (b) colocar los labios en el instrumento. (Y... no se puede tocar la armónica sólo con las manos, ¿no es cierto?)

En el caso de que seas zurdo, sigue estas mismas recomendaciones, pero invirtiendo el orden de las manos. O sea, cuando nos referimos a la mano izquierda, deberás utilizar la derecha. Simple, ¿no?

ALGUNAS COSAS MÁS

(...antes de tocar)

Cómo funciona tu armónica

¿Te gustaría saber cómo es que tu pequeño instrumento suena tan fuerte? He aquí como funciona...

A diferencia de la guitarra eléctrica o el teclado, la armónica no contiene ningún circuito electrónico ni mecanismos complicados. De hecho, es un instrumento muy simple compuesto por **canales** y **lengüetas**, ubicados entre dos placas de metal.

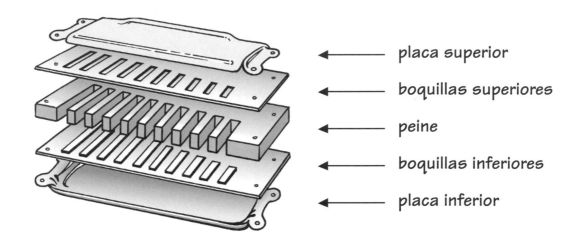

placa superior

boquillas superiores

peine

boquillas inferiores

placa inferior

Dentro de cada canal hay dos lengüetas, una superior y una inferior. Cada una de ellas está afinada en un tono musical diferente. Al **soplar** el aire hace vibrar la lengüeta inferior; y, al **aspirar** el aire hace vibrar la lengüeta superior. Así es como un mismo canal produce dos sonidos musicales diferentes.

Inténtalo...

Diagramas de notas

En este libro encontrarás varios diagramas como el que se observa a continuación. Estos diagramas te indican qué parte de la armónica será usada en cada canción, así como las notas que los canales representan. Pero antes de comenzar (y para tu absoluto deleite) escucha todas las notas de tu armónica en C.

1

Soplar	C	E	G	C	E	G	C	E	G	C
Canal	1	2	3	4	5	6	7	8	9	10
Aspirar	D	G	B	D	F	A	B	D	F	A

☞ Si al comparar este diagrama con tu instrumento encuentras que tu armónica posee más canales (ranuras) de los que ves en el diagrama, significa que probablemente tienes una armónica cromática.
Tienes dos opciones: comprar el curso *FastTrack*® Armónica 2 o compra una armónica diatónica de C.

¡No te la tragues!

Pensarás que lo único que se debe hacer es colocar la armónica en la boca y soplar. No tan rápido. La posición de la boca y los labios sobre el instrumento es una parte fundamental para conseguir un sonido claro y enfocado.

No seas tímido ni reacio a colocar la armónica en la posición correcta (después de todo eres el único que la toca). Tus labios deberán estar colocados totalmente alrededor de la armónica, como si la estuvieras comiendo. De hecho, el labio superior debe cubrir la mitad de la parte superior, y el labio inferior debe colocarse justo abajo. (Observa la figura de abajo.) La parte interior de los labios deben estar en contacto directo con la armónica.

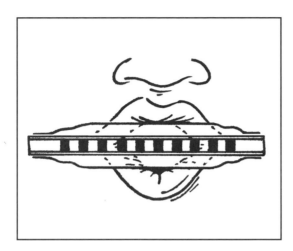
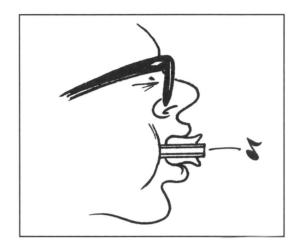

Ahora sopla un par de veces. Luego intenta aspirar. No te preocupes por las notas que escuchas. Por ahora, sólo nos preocuparemos por la posición de la boca sobre el instrumento.

Más notas...

Además de la música y letra de las canciones, encontrarás muchas notas útiles junto al pentagrama. Estas indicaciones te explican cómo tocar una determinada nota. De a poco, te familiarizarás con ellas. Por ahora sólo preocúpate por saber qué significan:

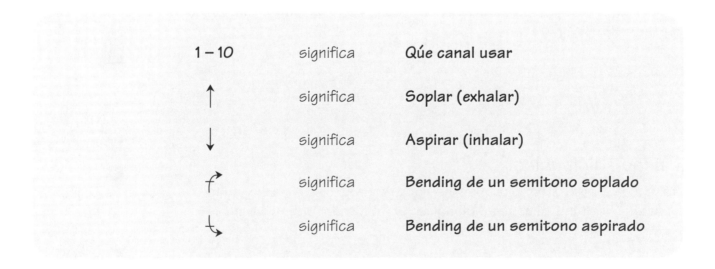

1 – 10	significa	Qúe canal usar
↑	significa	Soplar (exhalar)
↓	significa	Aspirar (inhalar)
↗	significa	Bending de un semitono soplado
↘	significa	Bending de un semitono aspirado

↑ doble

DOBLA LA PUNTA DE ESTAS DOS PÁGINAS

(...necesitarás volver a leerlas más adelante)

La música es un lenguaje con sus propios símbolos, estructuras y reglas (y excepciones a esas reglas). Leer, escribir y tocar música requiere del conocimiento de todos los símbolos utilizados y sus reglas. Pero comencemos de a poco (un poco ahora, un poco más adelante)...

Notas

La música se escribe utilizando pequeños círculos denominados **notas.** Las notas pueden ser de varias formas y tamaños. Toda nota tiene dos características fundamentales: **tono** (determinado por su ubicación en el pentagrama) y **valor rítmico** (indicado por los siguientes símbolos):

redonda (w)   **blanca (h)**   **negra (q)**

(cuatro tiempos)   (dos tiempos)   (un tiempo)

El valor rítmico indica la duración de la nota. Generalmente, la negra (q) equivale a un tiempo. De ahí en más, la duración de las demás notas se determina como fracciones (¡para no olvidarnos de la matemática!):

dos blancas (h) equivalen a una redonda (w)   dos negras (q) equivalen a una blanca (h)

$$\text{♩} + \text{♩} = \text{o} \qquad\qquad \text{♩} + \text{♩} = \text{♩}$$

cuatro negras (q) equivalen a una redonda (w)

$$\text{♩} + \text{♩} + \text{♩} + \text{♩} = \text{o}$$

Pentagrama

Todas las notas se ubican en, o cerca del **pentagrama**, compuesto por cinco líneas y cuatro espacios. ("Pentagrama" termina en "a" pero es un sustantivo masculino.) Cada línea y espacio corresponden a un tono.

Líneas adicionales

Como no es posible incluir todas las notas en sólo cinco líneas y cuatro espacios, es necesario utilizar las llamadas **líneas adicionales** para extender el pentagrama:

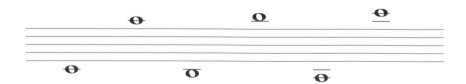

Clave

Un símbolo denominado **clave** indica el tono de las notas sobre el pentagrama.
En la música se utilizan varias claves, pero por el momento utilizaremos sólo una:

clave
de sol

La **clave de sol** determina los siguientes tonos en el pentagrama:

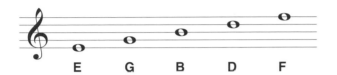

E   G   B   D   F

F   A   C   E

E (mi) G (sol) B (si) y D (re) F (fa). Y para los espacios F (fa) A (la) C (do) E (re).

Compases

Las notas en un pentagrama se encuentran agrupadas en **compases** que ayudan a seguir con mayor facilidad el curso de la música. (¡Imagínate cómo sería leer un libro sin puntos, comas o mayúsculas!)

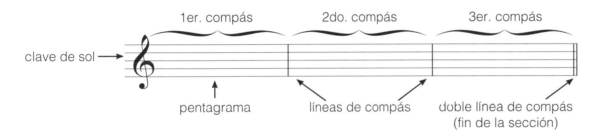

1er. compás   2do. compás   3er. compás

clave de sol →

pentagrama   líneas de compás   doble línea de compás
(fin de la sección)

Indicación del tiempo (o métrica)

El **tiempo** (o métrica) indica cuántos pulsos (tiempos) se incluirán en cada compás. El tiempo se representa con los dos números que aparecen en el pentagrama inmediatamente después de la clave: el número superior indica cuántos pulsos habrá en cada compás; el número inferior indica qué tipo de nota es la que equivale a un pulso.

cuatro tiempos por compás
negra (1/4) = un tiempo

tres tiempos por compás
negra (1/4) = un tiempo

 Relájate un poco, vuelve a leer esto más tarde y luego pasa a la siguiente lección.
(Confía en nosotros, a medida que avancemos comenzarás a entender todo.)

LECCIÓN 1
No te quedes ahí sentado, ¡toca algo!

Si ya intentaste tocar algo con tu armónica, seguramente has escuchado varias notas a la vez. Esto sucede porque estás soplando aire a través de más de un canal a la vez. Con un *poco* de práctica, podrás dirigir el aire para que pase por un solo canal.

¡Prepárate para soplar!

La forma de los labios es la que determina que se toquen una, dos o tres notas juntas. Para tocar una sola nota, utilizamos el método de los labios **fruncidos**. Con la armónica en tu boca (fíjate en la figura de abajo), frunce los labios como si fueras a silbar una tonada o a tomar de un sorbete.

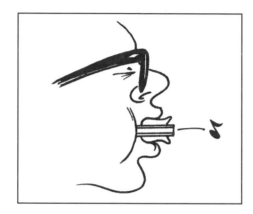 

De esta forma puedes dirigir el aire a través de un solo canal a la vez. Y, cuando desfrunces los labios, puedes escuchar dos o tres notas simultáneamente. Intentémoslo…

Coloca la boca entre los canales 4 y 6, y **sopla**. Deberás escuchar las notas de los tres canales (C, E, G). Ahora frunce los labios y dirige el aire a través del canal 5 únicamente y escucharás sólo la nota E. Inténtalo varias veces con el siguiente ejemplo:

◆ **2**

6		6	6		6
5	5	5	5	5	5
4		4	4		4
↑	↑	↑	↑	↑	↑

¡Se parece al comienzo de "This Old Man"! ¡Qué bien, tu primera canción!

Lo mismo en sentido inverso…

Intentemos nuevamente este ejercicio, pero esta vez **aspira** (o inhala). De esta manera escucharás otras notas al realizar el ejercicio, las notas que están ubicadas en la fila superior. Con los labios sin fruncir escucharás tres notas (D, F, A); al fruncirlos, escucharás sólo una (F):

◆ **3**

6		6	6		6
5	5	5	5	5	5
4		4	4		4
↓	↓	↓	↓	↓	↓

No importa si haces trampa… por ahora

Si tienes dificultades para hacer sonar sólo una nota a la vez, o si no puedes ubicar la boca en el canal correcto prueba esto:

para ubicar correctamente y tocar a través del canal número 5, por ejemplo, cubre los canales 1 al 4 con el dedo índice de la mano izquierda, y los canales 6 al 10 con el índice de la mano derecha. (Fíjate en la figura de abajo.) Ahora lleva la armónica a la boca y sopla o aspira por el canal 5.

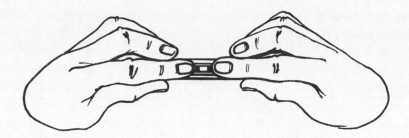

Este método es tan incómodo y extraño que sabemos que no es necesario comentarte que ésta no es la forma correcta (o realista) de tocar la armónica. (De todas maneras, acabamos de hacerlo.) Sin embargo, es una manera fácil de encontrar las notas que debes tocar cuando tienes dificultades.

¡La importancia de respirar!

Uno creería que con tanto aspirar y soplar para tocar las notas de la armónica, respirar no debería ser un problema. *¡Pero sí lo es!* Es muy importante controlar cómo y cuándo respiras mientras tocas.

Para respirar brevemente entre notas, retira ligeramente la armónica del labio inferior, manteniendo contacto con el labio superior para evitar moverte de la posición en la que se encuentra tu boca con relación al instrumento. No es tan complicado como parece, pero tampoco demasiado fácil. Inténtalo con la siguiente canción…

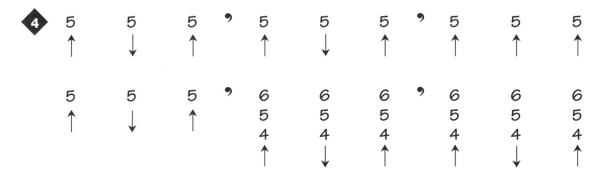

Por supuesto que si estás permanentemente alternando entre notas aspiradas y sopladas puede que no necesites tomar aliento. Sin embargo, conocer esta técnica puede serte muy útil.

¿QUÉ SIGNIFICA ESE SÍMBOLO?
El símbolo "❯" es una indicación para respirar.
Cada vez que lo veas, respira profundamente.

Todas las notas necesarias

Tu armónica diatónica de C está en **tono de C**. Esto simplemente significa que incluye las siguientes notas:

C (do) — D (re) — E (mi) — F (fa) — G (sol) — A (la) — B (si) — C (do)

"¡Un momento!" dirás, "¡esas son sólo ocho notas y mi armónica tiene diez canales!" Correcto, Einstein, la mayoría de estas notas están repetidas para poder tocarlas más agudas o graves.

Pero por ahora no necesitas veinte notas. Todas las notas que necesitarás por el momento están ubicadas entre los canales 4 y 7.

Soplar				C	E	G	C			
Canal	1	2	3	4	5	6	7	8	9	10
Aspirar				D	F	A	B			

El tocar en la sección central de la armónica se denomina **primera posición** porque estás usando las notas principales de tu instrumento. Con el método de fruncir los labios, intenta aspirar y soplar por los canales 4 a 7, de a uno a la vez. (Utiliza la notación de abajo como referencia.)

◆ 5   De C a C

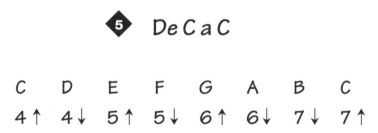

C	D	E	F	G	A	B	C
4↑	4↓	5↑	5↓	6↑	6↓	7↓	7↑

¡Felicitaciones! (Por supuesto, es necesario practicar, ¡pero éste fue tu primer intento!) Vuelve a intentarlo hasta que te sientas satisfecho con el sonido que logras para cada nota y cómodo con la posición de los labios sobre cada uno de los canales mientras tocas las notas individualmente.

No te preocupes si no puedes lograr que cada una de las notas suene claramente. Si escuchas que están sonando más notas de las que quieres, ¡no hay problema!
Concéntrate en fruncir los labios sobre el canal correcto.
De todas maneras sonará bien y, con el tiempo, lograrás tocar con mayor precisión.

Ahora intentemos tocar una canción, y para leerla utilizaremos la misma notación musical para armónica que hemos visto antes. Recuerda que ésta no es la notación musical utilizada habitualmente (excepto en partituras escritas únicamente para armónica). Por esta razón, no te apegues mucho a este tipo de notación.

CUENTA ESTO: los pequeños números ubicados bajo el texto de la canción indican los **tiempos**. Cuéntalos mentalmente para saber cuánto debe durar cada nota.

6 Brother Jacques Rock

4 ↑	4 ↓	5 ↑	4 ↑ '	4 ↑	4 ↓	5 ↑	4 ↑ '
Are	you	sleep - ing,		are	you	sleep - ing,	
Cuenta: 1	2	3	4	1	2	3	4

5 ↑	5 ↓	6 ↑	'	5 ↑	5 ↓	6 ↑	'
Broth - er	Jacques,			Broth - er	Jacques?		
1	2	3	(4)	1	2	3	(4)

6 ↑	5 ↓	5 ↑	4 ↑ '	6 ↑	5 ↓	5 ↑	4 ↑ '
Crowds	are	wait - ing,		crowds	are	wait - ing,	
1	2	3	4	1	2	3	4

4 ↑	4 ↓	4 ↑	'	4 ↑	4 ↓	4 ↑	
Check	the	clock.		Time	to	rock.	
1	2	3	(4)	1	2	3	(4)

La siguiente canción comienza en el canal número 5 (E). Escucha el audio para saber cómo debe sonar.

7 Ode to Joyful Rock

5 ↑	5 ↑	5 ↓	6 ↑	6 ↑	5 ↓	5 ↑	4 ↓
Cuenta: 1	2	3	4	1	2	3	4

4 ↑	4 ↑	4 ↓	5 ↑	5 ↑		4 ↓	'
1	2	3	4	1	(2)	3	(4)

5 ↑	5 ↑	5 ↓	6 ↑	6 ↑	5 ↓	5 ↑	4 ↓
1	2	3	4	1	2	3	4

4 ↑	4 ↑	4 ↓	5 ↑	4 ↓		4 ↑	
1	2	3	4	1	(2)	3	(4)

Antes de continuar, te sugerimos que toques lo que aprendiste en esta lección otra vez. Asegúrate de poder leer sin dificultad la notación de números y flechas antes de que comencemos a estudiar la notación musical estándar.

LECCIÓN 2
Toma tu pentagrama y tu clave…

A menos que pretendas tocar únicamente las canciones que aparecen en los libros de armónica para principiantes (que son bastante aburridas), deberás a aprender a leer la notación musical estándar, ya que la mayor parte de la música en el mundo se escribe utilizando esta notación. Así es que, antes de continuar, vuelve a revisar las páginas 6 y 7 (tómate tu tiempo, que aquí te esperamos).

Notas: C (do), D (re), E (mi), F (fa), G (sol), A (la)

Comencemos a leer poco a poco, utilizando unas pocas notas cada vez. Comenzaremos con 6 notas muy fáciles, ubicadas entre los canales 4 y 6.

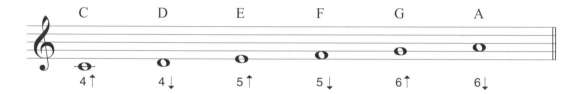

Ahora que ya sabes cómo se ven, probemos con una canción. No te olvides de fruncir los labios…

👉 IMPORTANTE: al igual que si estuvieras leyendo un libro, cuando llegas al final del pentagrama, debes pasar a la línea siguiente comenzando a leer desde la izquierda. El final de la canción se indica con una *doble línea de compás* (una línea delgada y una gruesa).

◆8 Mary Had a Little Band

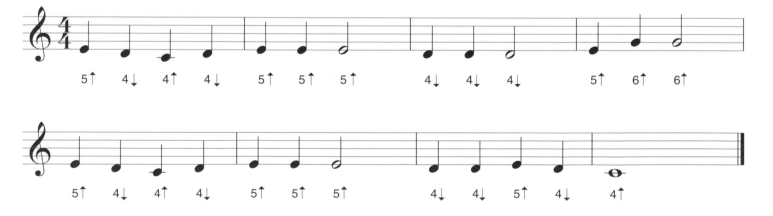

Fíjate que a medida que las notas ascienden en el pentagrama, la boca se moverá hacia la derecha, Y a medida que descienden, hacia la izq… ah, ¡ya entendiste! Inténtalo otra vez, ahora con el audio.

Utilizar la lengua

Al tocar notas que se repiten (como en el segundo compás de nuestra última canción), es importante definir claramente el comienzo y el final de cada nota. De lo contrario, la canción sonará entreverada y descuidada. El definir las notas precisamente se denomina **articulación**, y es una técnica muy importante para cualquier armonicista.

Una forma de obtener una buena articulación consiste en usar la lengua. Intenta este ejercicio **sin** la armónica:

 Di "ta" lentamente cuatro veces. Fíjate en qué parte del interior de la boca la lengua entra en contacto con el paladar.

 Ahora di "ta" una vez sin parar— "taaaaaaaaaaaaaaaaa."

 Dilo fuerte; grítalo; murmúralo.

Ahora haz lo mismo tocando una nota en la armónica. Cada vez que la lengua toca el paladar de tu boca, el flujo de aire hacia la armónica se interrumpe (al menos brevemente), dándole fin a la duración de cada nota.

◆ ⑨ Ta-Ta for Now

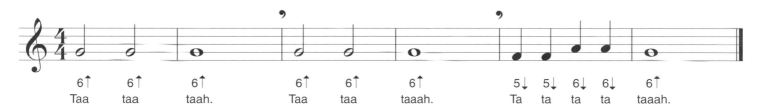

 UNA PEQUE—A AYUDA: experimenta en la armónica con sonidos como "da" y "ka." Intenta mover la lengua rápidamente como si dijeras "ta-da, ta-da, ta-da" mientras continúas soplando sin parar. (Si tienes hambre puedes intentarlo diciendo "taco, taco.")

Continúa practicando tu técnica con esta conocida canción:

◆ ⑩ Twinkle, Twinkle, Little Rock Star

UN BUEN MOMENTO PARA RESPIRAR

Hasta ahora hemos estado usando esas pequeñas señales para indicarte cuando debes respirar y evitar que te desmayes. Sin embargo, las partituras de música no siempre son tan gentiles como para recordártelo. En esos casos, tendrás que encontrar los espacios donde respirar. Tenemos una solución para tí...

Silencios

Un **silencio** es una pausa, a veces breve y otras veces más larga. Los silencios son similares a la notas porque también tienen valores rítmicos que indican la duración (o el número de tiempos) que abarca el silencio:

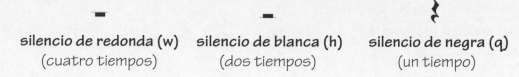

silencio de redonda (w)   **silencio de blanca (h)**   **silencio de negra (q)**
(cuatro tiempos)   (dos tiempos)   (un tiempo)

Aprovecha estos pequeños símbolos. Utilízalos para tomar aliento, pero no olvides seguir contando los tiempos mentalmente.

En el siguiente ejemplo en 4/4, deberás soplar por el canal 6 de la siguiente manera: G, G, pausa, G, pausa, pausa, pausa, pausa, G, G, pausa, pausa, G, pausa, pausa, G.

11 Take a Load Off

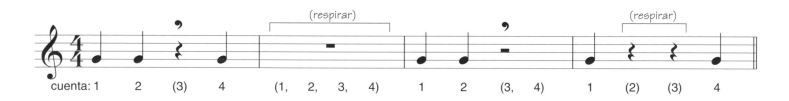

IMPORTANTE: ¡El silencio no significa tomarse un descanso! Durante el silencio, debes respirar y colocar la boca en posición para tocar las notas que siguen.

12 This Old Man

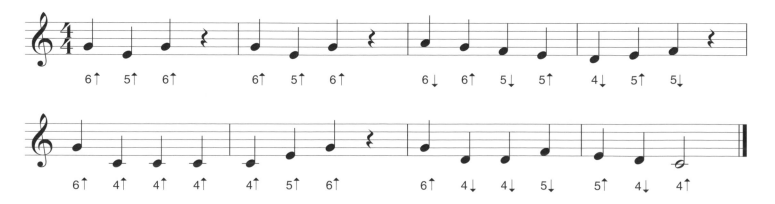

14

¡Asegúrate de pensar de antemano!

Antes de comenzar a tocar una pieza musical, trata de identificar los pasajes que pueden resultar difíciles para respirar. Por ejemplo, en la próxima canción deberás tocar seis notas exhaladas consecutivamente (comenzando en el compás número 10) sin posibilidad de respirar—o mejor dicho, sin silencios. Esto implica que debes respirar profundamente durante el silencio inmediatamente anterior a esta parte. Y es una buena idea marcar el pasaje en la partitura, para no estar desprevenido en el momento de tocarlo.

When the Saints Go Marching In

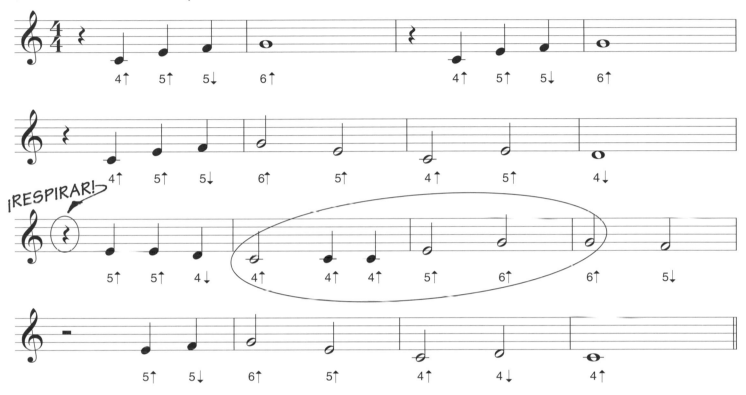

¡La ligadura!

¿Y tu creías que te quedabas sin aire al tocar redondas? Toma aire, porque estás por encontrarte con notas aún más largas…

La **ligadura** conecta dos notas e indica que la nota debe durar tanto como la suma de los valores rítmicos de cada una de las notas que la integran:

Pasa a la siguiente página e intenta tocar una canción con notas ligadas…

Recuerda que debes contar mentalmente los tiempos mientras mantienes la nota. Con un poco de práctica podrás hacerlo automáticamente.

14 Kum-bah-yah

Otras maneras de extender la duración de las notas

Otra manera de extender el valor rítmico de una nota es mediante la utilización del **puntillo**. El puntillo extiende el valor de una nota en un medio del valor de la misma. La nota con puntillo más común es la blanca con puntillo:

blanca		puntillo		blanca con puntillo
(dos tiempos)	+	(un tiempo)	=	(tres tiempos)

Podrás observar que la nota blanca con puntillo está presente en muchas canciones, especialmente en aquéllas en tiempo de 3/4 (o sea, tres tiempos por compás).

15 Harp Waltz

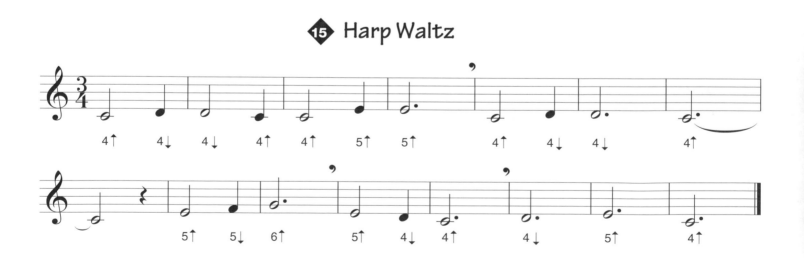

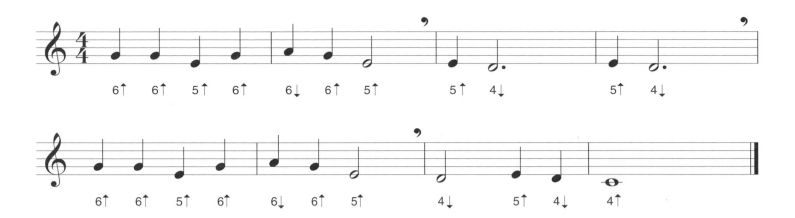

16 Camptown Races

La anacrusa...

En vez de empezar una canción con un silencio (como por ejemplo en "Kum-bah-ya,") se puede utilizar un compás inicial de **anacrusa**. En este compás de anacrusa, simplemente se obvian los silencios al comienzo del mismo. Entonces, la anacrusa presenta sólo el último tiempo, y debes contar "1, 2, 3" y comenzar a tocar en el cuarto tiempo:

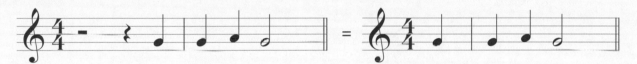

Toca esta canción con compás de anacrusa. Escucha la pista 17 para tener una mejor idea de cómo comienza. Cuenta "1, 2, 3, 1, 2" y comienza a tocar.

17 For He's a Jolly Good Fellow

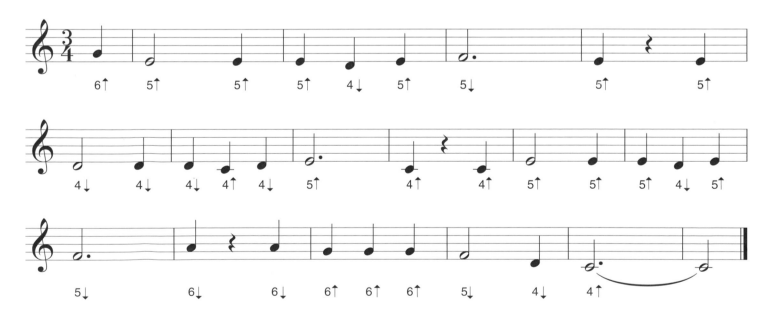

Éste es un buen momento para tomarte un descanso, y tal vez incluso comerte una pizza. Cuando regreses, no olvides cepillarte los dientes, y practicar nuevamente las canciones de las Lecciones 1 y 2.

LECCIÓN 3
Agreguemos más notas…

Leer seis notas diferentes (de C a A) en notación musical no fue demasiado difícil, ¿no es cierto? ¡Muy bien! Agreguemos entonces dos notas más agudas.

Notas: B y C

Cuando aprendimos las seis notas anteriores (de C a A), tocamos estas notas consecutivamente—alternando notas aspiradas y exhaladas—mientras leías el pentagrama. Cuando llegamos al canal 7, lo lógico es pensar en soplar la nota más grave (B) y aspirar la más aguda (C).

¡Pero no vayas tan rápido! Estas nuevas notas pueden engañarnos; porque en el canal 7 el orden de las notas está invertido. Al aspirar escucharemos la nota B grave y al soplar, la nota C aguda. Para tocar las ocho notas en orden, debes seguir el siguiente camino:

¡APRENDE ALGO NUEVO! ¿Conoces lo que acabas de tocar?

¡Fue tu primera **escala musical**!

Excelente, pero… ¿qué es una escala?

Una escala no es más que una sucesión de notas que siguen un orden predeterminado de "tonos" y "semitonos". Si utilizamos el teclado de un piano como referencia, un **semitono** es la distancia de una tecla a la siguiente, sea ésta blanca o negra; la distancia de dos teclas equivale a un **tono**.

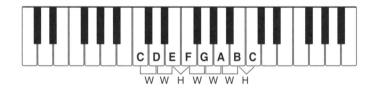

Las notas en tu armónica se corresponden con las teclas blancas del piano. Las teclas negras tienen otros nombres como C (do) sostenido o B (si) bemol, y las estudiaremos cuando aprendamos la técnica de **alterar (bending)** las notas. (Pero esto lo veremos más adelante.)

Sin embargo, el hecho de que tengamos sólo notas correspondientes a las teclas blancas no significa que no tengamos semitonos. Observa la distancia entre E y F, y entre B y C. (Correcto: un semitono.)

El orden de los intervalos en la escala mayor es el siguiente:

Tono — Tono — Semitono — Tono — Tono — Tono — Semitono

La mayoría de las escalas tienen ocho notas, y comienzan y terminan en la nota del mismo nombre. La escala que tocaste comienza (y termina) en C y utiliza el **orden de intervalos** que mostramos más arriba, por lo tanto la llamamos **escala de C (do) mayor**.

¡Usémosla!

La siguiente canción utiliza las ocho notas de la escala, comenzando arriba y descendiendo. Es una conocida tonada navideña, ¡y es también una escala en C mayor invertida!

◆18 Joy to the World

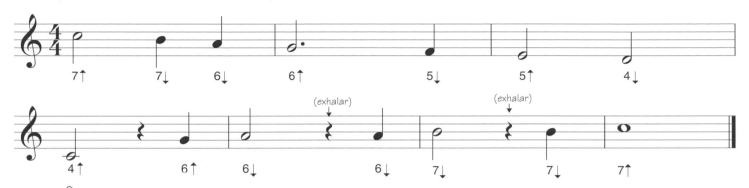

OBSERVACIÓN: el silencio no siempre implica tomar aire. En la canción "Joy to the World," las notas en los compases 5 y 6 son aspiradas (inhaladas). Si además inhalas durante el silencio y aspiras las notas, ¡tendrás demasiado aire! En este caso entonces, el silencio se utiliza para exhalar.

¿Soplar o no soplar?

¿Con qué frecuencia aparecen en una canción las notas de una escala ordenadas en forma ascendente o descendente? (Esperemos que no muchas veces, ya que sería muy aburrido.) Por lo tanto, conocer de memoria el orden de las notas aspiradas y sopladas tal cual ocurren en la sucesión de una escala no sería muy útil.

Sin embargo, tocar la armónica requiere de memorización, ya que debes recordar cuáles son las notas aspiradas y cuáles las exhaladas, y ¡debes recordarlo muy rápidamente cada vez! He aquí una fórmula para recordar:

 Las notas C, E y G son **sopladas**, con excepción de la nota G ubicada en el canal 2.

 Todas las demás notas (D, F, A, B) son **aspiradas**.

Ejercita la memoria con un poco de música. En el primer ejemplo, tocarás notas que son sopladas (C, E y G). Luego, continúa con el breve ejemplo de las notas aspiradas —D, F, A y B. (OBSERVACIÓN: estos ejemplos aparecen consecutivamente y escucharás dos veces cada ejemplo.)

◆19 Soplar y aspirar

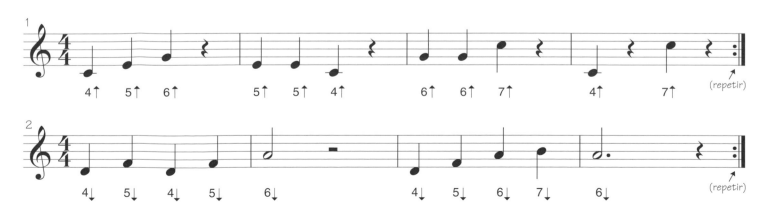

La clave es conocer la escala...

Si la melodía de una canción deriva de las notas de la escala de C, entonces decimos que la canción está compuesta en **Tono de C**. (La escala es tu "clave" para saber qué notas tocar.) Ya que la armónica se basa en las notas de la escala de C, decimos que está en el tono (o tonalidad) de C.

Lo mejor de tocar una armónica diatónica es que nunca tocarás las notas equivocadas. ¡De verdad! La pista número 20 tiene una canción en el tono de C. Todas las notas y la armonía de esta tonada derivan de la escala de C. Escúchala un par de veces...

 **Jam Time**

Ahora toma la armónica y toca con la pista—de a una o varias notas al mismo tiempo. No pienses en el nombre de las notas que estás tocando. Nueve de cada diez veces sonarás muy bien. ¿Por qué? ¡Porque estás tocando en la misma **tonalidad** que la canción en el audio!

Las notas más importantes

Por supuesto que querrás que lo que toques suene bien diez veces de cada diez; para ello deberás saber cuáles son las notas más importantes o las que se usan más frecuentemente. Es tan fácil como contar hasta cinco...

En la tonalidad de C, las notas más comunes son la **tónica**, la **tercera** y la **quinta** de la escala:

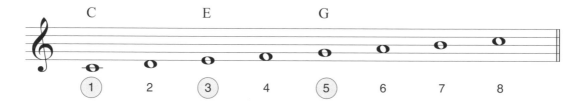

¡Y son todas notas sopladas! (¡Muy fácil!) **C**, **E** y **G** son las notas empleadas para formar un acorde de C (volveremos a esto en la siguiente lección), y el acorde de C es el más usado en una canción en tono de C.

Intenta tocar junto con el ejemplo de la pista 20 utilizando solamente las notas C, E y G. Puedes tocar empleando la idea de abajo o inventar tus propias frases.

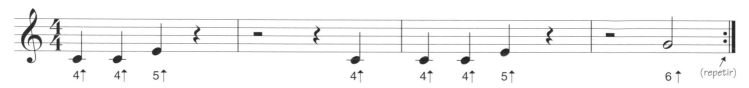

☞ UN NUEVO TÉRMINO: las ideas musicales breves, como la que se emplea en la pista 20 se denominan **frases**. Mientras el resto de la banda toca la canción, tú puedes tocar las frases donde te parezca conveniente.

Tocar solamente tres notas (C, E y G) puede ser muy aburrido; así que intenta tocar también algunas notas aspiradas para "condimentar" un poco tus frases. Utiliza las frases que se muestran abajo antes de inventar otras nuevas…

21 ◆ Spice Up the Jam

(repeat)

22 ◆ Folk Jam

23 ◆ Rock Jam

24 ◆ Country Jam

Cada frase contiene notas de la escala de C mayor. La banda está tocando en C mayor; así que no importa dónde toques tu frase, de todas maneras sonará bien.

¿SERÁ COINCIDENCIA?

Las armónicas diatónicas están diseñadas para que las notas más importantes sean sopladas (exhaladas). Esto facilita la improvisación y lograr un mejor sonido. Como tu armónica es **diatónica en C**, las notas sopladas son las tres más importantes (C, E y G).

Con tantas notas (20, para ser precisos) y tantos canales posibles en los cuales tocar es fácil confundirse. Por esta razón, es una buena ayuda considerar que tu armónica se compone de tres secciones. A estas secciones las llamaremos **zonas**.

	Zona 3			Zona 1			Zona 2			
Soplar	C	E	G	C	E	G	C	E	G	C
Canal	1	2	3	4	5	6	7	8	9	10
Aspirar	D	G	B	D	F	A	B	D	F	A

Zona 1 (centro): es una buena posición en la que tocar cualquier canción en el tono de C. ¡Después de todo allí están todas las notas!

Zona 2 (superior): es una buena posición para tocar notas agudas. ¡No tienes por qué detenerte en el canal 7, sigue hacia arriba!

Zona 3 (inferior): ésta es una buena posición en la que tocar notas graves y acordes. (Nos ocuparemos de estudiar los acordes en la próxima lección.)

> IMPORTANTE: no te limites a una sola zona. Cuando sea necesario, deberás moverte a las otras posiciones para tocar las notas extras que necesites.

Es probable que ya conozcas bastante bien las notas de la Zona 1. Intentemos tocar ahora una canción utilizando las notas de la Zona 2, las notas más agudas...

25 Home on the Range

Para la siguiente canción, utilizarás las notas de la Zona 2, con la única excepción de la nota G (sol) ubicada en el canal 6. Y, a pesar de que estamos en la Zona 2, la mayoría de las notas son sopladas (C, E y G), ya que estamos tocando en la tonalidad de C…

26 The Streets of Laredo

Finalicemos esta lección con una vieja canción titulada "Taps." (¡Toma aire cada vez que puedas, porque todas la notas son sopladas!)

27 Taps

¡DIVIÉRTETE!

Di "yo" (o si prefieres "yo-yo") mientras tocas esta canción. Podrás escuchar que esto produce un sonido muy expresivo, con sabor al lejano oeste. (¡Yi-ha!)

LECCIÓN 4
¡En perfecta armonía!

A veces querrás tocar no sólo las notas de la melodía. Quizás estás cansado o el cantante de la banda prefiere cantar algunos pasajes sin la melodía de la armónica sonando al mismo tiempo. En estos casos puedes tocar una parte de acompañamiento, o **armonía**. Y, como dijimos antes, la Zona 3 es ideal para ello.

Zona 3: Acordes

Cuando tocas varias notas al mismo tiempo, en realidad estás tocando **acordes**. Los acordes le dan la armonía a la canción. Con tu pequeño pero versátil instrumento, puedes tocar tanto líneas melódicas como armonías. (¡Nada mal! Es algo que tu amigo saxofonista no puede hacer.)

Si no te sientes con ganas de tocar frases y melodías, puedes simplemente tocar los acordes de la canción. Sin saber demasiado sobre cómo tocar la armónica, es muy fácil sin embargo tocar dos acordes básicos: C y G:

 Coloca la boca en los tres canales de la izquierda (1, 2 y 3).

 Sopla, y escucharás tres notas simultáneamente C, E, G; el acorde de C.

 Aspira, y escucharás D, G, B; el acorde de G.

Inténtalo con una canción. Utiliza las letras ubicadas sobre el pentagrama (los **símbolos de acordes**) para saber qué acorde tocar. Para el acorde de C sopla, y para el de G aspira. Puedes mantener el sonido del acorde, o realizar variaciones rítmicas con él.

28 Oh, Susannah

Gracias. ¿Lo intentamos otra vez? Pero esta vez intenta tocar el ritmo correcto junto con los acordes. Escucha el audio para darte una idea de cómo hacerlo.

29 Rock to My Lou

¿Qué es exactamente un acorde?

La mayoría de los acordes contienen tres notas de la escala—la **tónica**, **tercera** y **quinta,** —y cada una de estas notas se encuentra a una distancia específica determinada por el número de intervalos entre ellas. El nombre del acorde (C o G) proviene de la **tónica**. La **tercera** se encuentra dos notas por encima de la tónica, y la **quinta** está a dos notas más arriba de la tercera.

Utilizando la escala de C mayor es muy fácil encontrar las notas del acorde de C:

Para construir un acorde de G, podemos crear una escala de G y tomar la tónica, tercera y quinta de la escala:

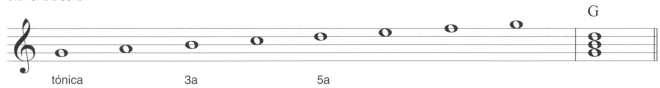

Para tocar estos acordes, debes encontrar la posición de la armónica en la que aparecen juntas estas tres notas. Por ejemplo, fíjate que sin importar en dónde coloques la boca, siempre que soples, escucharás las notas del acorde de C:

Soplar	C	E	G	C	E	G	C	E	G	C
Canal	1	2	3	4	5	6	7	8	9	10

Sin embargo para tocar un acorde de G (G-B-D), existen solamente dos posiciones en donde aspirar:

Canal	1	2	3	4	5	6	7	8	9	10
Aspirar	D	G	B	D	F	A	B	D	F	A

No muchas alternativas para un acorde tan popular, ¿no es cierto? Entonces, necesitamos una solución…

Acordes de dos notas

Técnicamente hablando, un acorde presenta tres o más notas. Sin embargo, podemos hacer un poco de trampa y usar únicamente dos notas para crear la armonía del acorde. Simplemente deberás elegir *qué* nota ignorar. Esto depende de la posición en la que desees tocar el acorde de dos notas.

Observa el acorde de G. Posee tres notas: G-B-D. Si la nota que dejas de tocar es la nota G, entonces existen dos posiciones en donde puedes tocar el acorde, una abajo y otra más arriba.

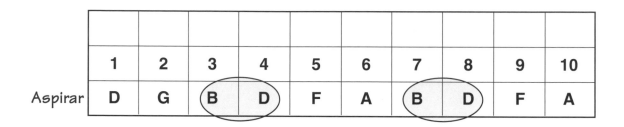

Prueba todas las posibilidades para tocar el acorde de G:

◆30 Más acordes de G

Otro acorde muy útil es el acorde de F, compuesto por las notas F-A-C.

Sin embargo, en este acorde, las notas F y A son aspiradas y la nota C es soplada, por lo tanto nunca podrás tocar un acorde de F con sus tres notas. No hay problema: olvídate de la nota C y toca simplemente las notas F y A. Para ello tienes dos posibilidades que son los canales 5-6 y los canales 9-10:

◆31 Mi nuevo acorde de F

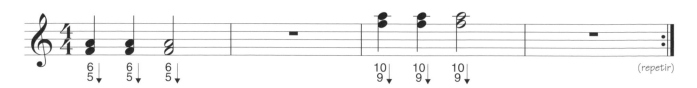

¡NO NOS OLVIDEMOS DEL RITMO!

¿Recuerdas la negra (♩)? ¿Y qué hay de la corchea?

La **corchea** lleva siempre con ella una pequeña banderita: ♪

Dos corcheas equivalen a una negra (o un tiempo). Para facilitar la lectura, siempre que las corcheas aparezcan juntas **sus banderitas aparecerán unidas**:

Para contar las corcheas rítmicamente, divide el tiempo en dos y di "y" entre los tiempos:

1 (and) 2 (and) 3 and 4 and

Comienza a practicar contando en voz alta mientras marcas los tiempos con el pié. Luego, haz lo mismo mientras cantas "1 y 2 y 3 y 4 y 1 y..."

¿Y los silencios? ♪

Los silencios de corchea son equivalentes (en cuanto a su duración), pero…son silencios. Cuenta, sigue el ritmo con el pié y utiliza el silencio de corchea mientras escuchas la pista 33:

Practica el valor rítmico de la corchea al tiempo que practicas los nuevos acordes C, F y G. No te preocupes mucho por el sonido; simplemente intenta familiarizarte con este nuevo ritmo.

34 Chord/Rhythm Jam

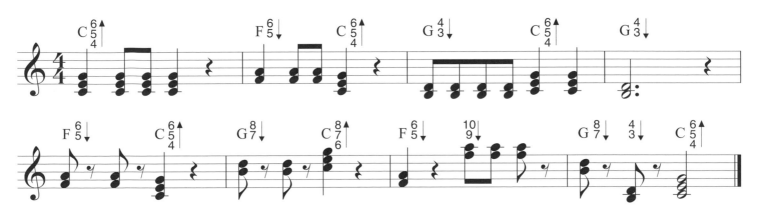

Esto es todo lo que necesitas saber...¡de verdad! C, G, y F son los acordes que necesitas para tocar prácticamente cualquier canción en el tono de C. En las siguientes lecciones aprenderemos más acordes; sin embargo, estos tres son los más usados. Y aquí está la prueba: dos páginas enteras con canciones que utilizan solamente esos tres acordes.

Toca siguiendo las indicaciones de acordes en el pentagrama. Intenta mantener algunos acordes y jugar rítmicamente con otros. ¡Diviértete!...

35 Amazing Grace

☞ IMPORTANTE: no olvides articular el sonido mientras tocas cada acorde. Di "ta" o "da" o "ka" para darle a cada acorde un comienzo y un final preciso.

36 Rockin' on Old Smokey

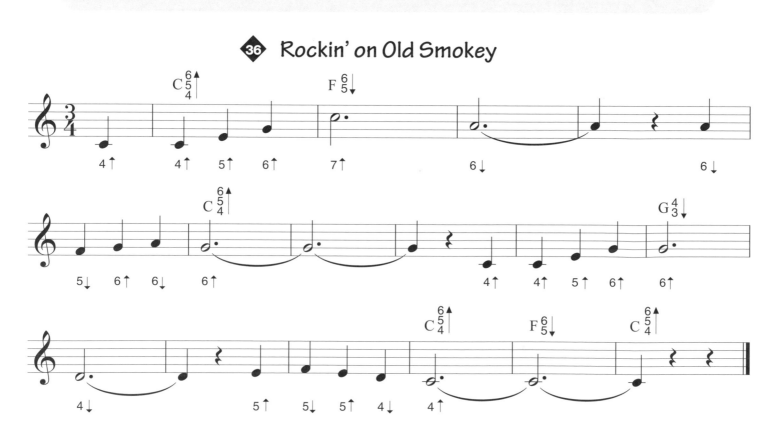

👉 OBSERVACIÓN: las letras "S.A." significan que en ese pasaje no deben tocarse acordes (del inglés "No Chord": sin acorde). Así es que... no toques nada en esos casos. Utiliza ese espacio para tomar aire y prepararte para el siguiente pasaje.

38 **Down in the Valley**

Vuelve a tocar estas canciones, pero esta vez lee la melodía y no los acordes.

¿Recuerdas la blanca con puntillo (tres tiempos)? Una **negra con puntillo** vale un tiempo y medio:

negra (q)		puntillo		negra con puntillo
(un tiempo)	+	(medio tiempo)	=	(1 tiempo y medio)

Imagínatelo como una negra ligada a una corchea.

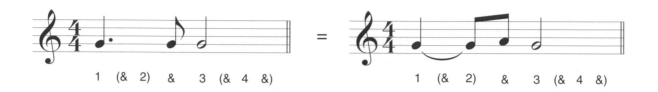

Muchas veces verás un negra con puntillo junto a una corchea, ya que la corchea equivale al medio tiempo que falta. Escucha la pista 39 mientras aplaudes en cada tiempo. Una vez que estés familiarizado con el ritmo de la negra con puntillo intenta tocarlo en la armónica...

39 Auld Lang Syne

ADVERTENCIA: si aún no has dormido desde que comenzaste el libro,
continuar puede ser perjudicial para tu salud musical.
¡Tómate un buen descanso y vete a dormir!
(Probablemente tus vecinos te lo agradecerán.)

LECCIÓN 5
Tocando blues

Ya conoces escalas, acordes, ritmos y un montón de cosas interesantes. Es entonces el momento de que tu pequeño instrumento comience a hacer sonar otro tipo de música: el **blues**.

Cross harp

Tu armónica está afinada en el tono de C; tocar canciones en una armónica que esté en otro tono se denomina **cross harp**, algo así como "armónica cruzada" en inglés. Por qué se le dio en llamar a esta técnica de esta manera no tiene importancia, es simplemente un nombre con onda. Cualquiera sea la razón para el nombre, es un concepto muy importante, ya que no siempre tocaremos en C.

El **tono de G** es muy popular. Y, en la armónica, es un excelente tono para tocar blues. Si construyes una escala tomando la nota G como tónica obtendrás lo siguiente:

40 G Blues

HACIA LA ZONA FINAL: cuando tocas blues en G, estás utilizando principalmente la Zona 3. Y, mientras estás tocando en esta zona, puedes divertirte también con los acorde de G y C que estudiamos antes.

Notarás que muchas de las notas de blues en cross-harp son aspiradas; un ejemplo es la nota G del canal 2.

41 Roadkill Blues

UNA NOTA MUY IMPORTANTE

Ahora vamos a explicarte cómo funciona el blues. ¿Cómo es posible que el sonido sea tan diferente a las canciones que tocábamos en C? Si vuelves a pensar en la secuencia de intervalos de la escala mayor, recordarás que los últimos dos intervalos son **tono-semitono**, tal como se ve en el pentagrama de C mayor en la figura a continuación.

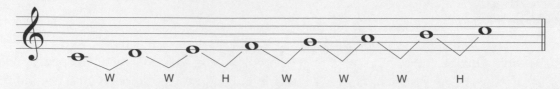

Sin embargo, cuando construyes una escala comenzando en la nota G, los últimos dos intervalos aparecen en el orden inverso (**semitono-tono**).

Tu oído espera escuchar la séptima nota (F) un semitono más alta de lo que suena. Pero al no ser así, esta nota le da a la escala un sonido melancólico, o de "blues". Esta nota (F) adquiere un carácter fuertemente emocional. Es una nota muy importante.

Siente el poder de esta nota mientras tocas las siguientes frases de blues.

42 Frase de blues en G

43 Frase extendida

Puedes también utilizar acordes en tus frases.

44 Blues Chords Riff

Por supuesto que existen muchas canciones en el tono de G que no utilizan la omnipotente nota F, y por eso no suenan como blues. Suenan como canciones corrientes. Prueba con las dos canciones a continuación, por ejemplo:

◆45 Red River Valley

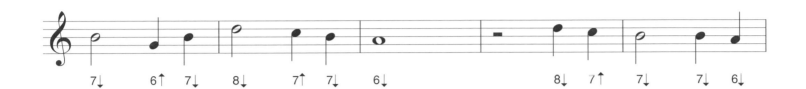

☞ PRECAUCIÓN: esta próxima canción tiene ritmos de corcheas que pueden parecer difíciles a primera vista; pero son sin embargo muy fáciles. Escucha una vez la pista 46 para tener una idea más clara del ritmo.

◆46 Tom Dooley

¿QUÉ SIGNIFICA ESE SÍMBOLO?

Los signos de repetición (‖: :‖) indican que debes (¡ya adivinaste!) volver a tocar todo lo que se encuentra entre ellos. Si sólo aparece un signo de repetición (:‖), debes repetir la canción desde el comienzo.

Más notas por el mismo dinero

Bueno, te hemos mentido (¿nos vas a demandar?). Tocar blues en G no es realmente tocar en **la tonalidad de G**. De hecho, la tonalidad de G se basa en la **escala mayor de G**, que (al igual que la escala de C) sigue el siguiente orden de intervalos:

Tono — Semitono — Semitono — Tono — Tono — Tono — Semitono

Si estuvieras tocando esta escala en el piano, necesitarías utilizar una de las teclas negras, la que se encuentra entre las notas F y G.

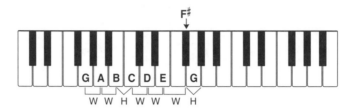

Cuando una canción, una escala o una tonalidad requiere la utilización de notas ubicadas un semitono más agudo (arriba) o más grave (abajo) de lo normal, utilizamos un símbolo justo antes de la nota para alterarla.

El símbolo que altera las notas un semitono hacia arriba se llama **sostenido** y se asemeja a un juego de ta-te-ti:

El símbolo que altera las notas un semitono hacia abajo se llama **bemol** y tiene el aspecto de una nota desinflada mirando en sentido opuesto al normal:

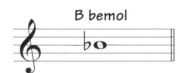

Por lo tanto, la forma correcta de escribir la escala de G mayor (que requiere que la nota F esté medio tono más arriba, o sea, en F sostenido) es la siguiente:

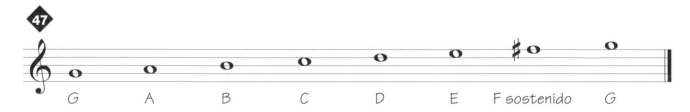

Como bien sabes, tu instrumento no puede tocar notas alteradas, ni sostenidos ni bemoles; sólo tiene diez canales y veinte notas.

Pues ya no...

Bending

Tocar notas alteradas (sostenidos y bemoles) en la armónica requiere del empleo de una técnica muy particular y expresiva llamada **bending** en inglés, que es algo así como "flexionar" la nota hacia arriba o hacia abajo para provocar la alteración de su sonido. En realidad no estás flexionando nada ni tampoco dañando tu instrumento. Cuando ejecutas un "bending" en una nota de la armónica, lo que haces es **"bajar"** el sonido de esa nota en un semitono.

Para ello, debes soplar con un poco más de fuerza que lo habitual. La notas más fáciles para aplicarles esta técnica son las notas aspiradas de los canales 1 al 4. Sigue estos pasos:

Para "bendings" aspirados:

 Aspira a través del canal correcto.

 Al mismo tiempo, haz descender la mandíbula (abre más la boca sin mover los labios ni moverse de la posición sobre el canal).

 Y, mientras haces esto, curva la lengua en forma de arco.

☞ AYUDA: para aspirar y provocar un "bending", imagínate que dices "UAAAU" al tiempo que tocas. Esto te ayudará a colocar la mandíbula en la posición correcta.

Intenta realizar los "bending" comenzando por los canales de más abajo (izquierda).

48

Canal	1	2	3	4	5	6	7	8	9	10
Aspirar	D	G	B	D	F	A	B	D	F	A
Bending	D♭/C#	G♭/F#	B♭/A#	D♭/C#						

Utilicemos esta nueva técnica en una canción de blues:

49 Bendy Blues

Los "bendings" soplados son un poco más difíciles pero la técnica es muy similar. Esta técnica sólo funciona apropiadamente cuando tocas a través de los canales 8, 9 y 10. Sigue estos pasos:

Para "bendings" soplados:

 Sopla a través del canal correcto.

 Al mismo tiempo mueve levemente la mandíbula hacia atrás.

3 Y, mientras haces esto, curva la lengua.

 AYUDA: para los "bendings" soplados di "UOOO" para colocar la mandíbula en la posición correcta.

50

								Bending	E♭/D♯	G♭/F♯	B
Soplar	C	E	G	C	E	G	C	E	G	C
Canal	1	2	3	4	5	6	7	8	9	10

Piensa al revés

Si no es posible realizar un "bending" hacia arriba ¿cómo puedo tocar una nota con sostenido? Excelente pregunta.

Vuelve a mirar la figura del teclado en la página 34. La nota ubicada entre F y G tiene dos nombres **F sostenido** y **G bemol**. Correcto, cada nota sostenida tiene una correspondiente nota bemol con el mismo sonido. Ya que no puedes alterar una nota hacia arriba, puedes alterar la siguiente hacia abajo y pensar en el F sostenido como un G bemol...

 **Worried Man Blues**

¿VALE LA PENA PREOCUPARSE?

Sí, te encontrarás con notas sostenidas y bemoles en todo tipo de música, y particularmente en el blues. ¡Si no utilizas la técnica del "bending" deberás aprender a tocar la armónica cromática!

LECCIÓN 6
¡Los profesionales te envidiarán!

Cuando hayas aprendido a tocar bien estas notas, habrás ganado la mitad de la batalla. La otra mitad implica tocar las notas con estilo. Esta lección será probablemente la más divertida y podrás aplicar lo que aprenderás aquí en cualquier canción que quieras tocar.

Vibrato

Si quieres tocar como un profesional, existe una técnica llamada **vibrato** que te ayudará mucho. El vibrato produce un sonido casi intermitente en las notas. Escucha la pista número 52 para tener una idea más clara de cómo debe sonar. Primero escucharás la música sin vibrato y luego la misma canción con vibrato.

Suena muy bien, ¿no es cierto? El efecto de vibrato se logra de varias maneras. La forma más fácil se llama **vibrato de mano**. (no sabemos por qué; ¿será tal vez porque se emplean las manos?) Así es como funciona:

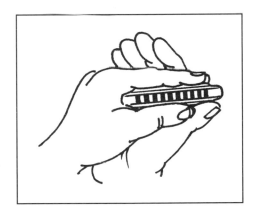 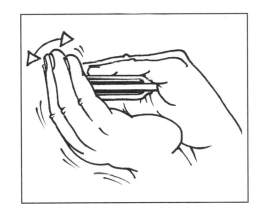

Mientras tocas una nota—blanca o redonda—simplemente **aletea** con los dedos de la mano exterior como si fueran el ala de un pájaro, retirando la mano de la parte posterior de la armónica en aleteos sucesivos. (Asegúrate de no retirar toda la mano sino simplemente los dedos. Tus manos deben seguir en contacto con el instrumento, ahuecando la cavidad en donde se coloca la armónica.)

Intenta agregar vibrato a cada una de las notas en este ejercicio escalar:

53 Vibrato en C

Cuanto más rápido "aletees", más rápido será el vibrato. Vuelve a intentarlo cambiando la velocidad del vibrato—primero lentamente, luego más rápido y luego alternando. ¿Cuál prefieres?

Deslizamientos

Otro efecto que puedes utilizar en todo momento es el del **deslizamiento**. Esto implica "deslizarse" desde la parte más baja de la armónica soplando o aspirando todas las notas hasta llegar a la nota o acorde que deseas tocar. Escucha algunos ejemplos de esta técnica en la pista...

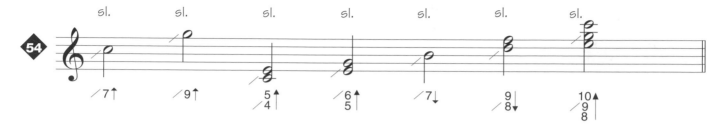

Escucha nuevamente la pista 54 e inténtalo. Simplemente, coloca la boca en el canal donde deseas comenzar y continúa soplando o aspirando hasta la siguiente nota. Una vez que te sientas cómodo inténtalo con una canción.

OBSERVACIÓN: no olvides utilizar el vibrato en las notas más largas. Éstas están señaladas con las letras **H.V.** (del inglés "Hand Vibrato" o vibrato de mano.)

55 Battle Hymn of the Republic

Silbato de tren

He aquí una buena técnica para utilizar con acordes. El **silbato de tren** es un sonido clásico de armónica. (Bueno, ¡también es un sonido clásico de los trenes!) Y no importa mucho si el acorde suena bien—sólo házlo sonar interesante.

Sigue estos simples pasos:

 Aspira simultáneamente por los canales 4 y 5.

 Al mismo tiempo, di "UAA, UUAAA."

 También al mismo tiempo, mueve las manos para abrir un poco la cavidad donde se encuentra la armónica.

Inténtalo con este ritmo...

56 Silbato de tren número 1

En la lección anterior, aprendimos a aplicar "bending" a las notas; ahora, lo usaremos también con acordes:

 Aspira en los canales 1 y 2 simultáneamente. (Si lo deseas, puede agregar también el canal 3.)

 Aplica presión para realizar un "bending" hacia abajo y vuelve luego al tono original.

 Y, al mismo tiempo, aplica la técnica del vibrato.

El tren llega a la estación...

57 Silbato de tren número 2

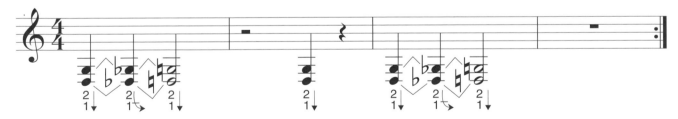

JUGANDO CON TRENES

Sí, suena muy bien. Pero, ¿cómo puedo utilizarlo en una canción?
¡De la manera que mejor te parezca! ¡Es tu elección!

LECCIÓN 7
Algunos ajustes menores

Tocar la armónica en el tono para el cual está afinada (en este caso C) o en el sistema de cross-harp (en este caso G) es muy popular. Nuestra última tonalidad tiene un nombre que puede parecer poco importante—**menor**—, pero no te engañes. Menor es sólo su nombre. Las tonalidades menores son tan importantes como las mayores o las de blues.

Tonalidad de A menor

¿Recuerdas la importancia que tenía la nota F cuando tocábamos en la tonalidad de G? Las tonalidades menores tienen también notas muy potentes que le dan a la música un sonido "triste". Observa las notas de la escala de C mayor con relación a las notas de A menor…

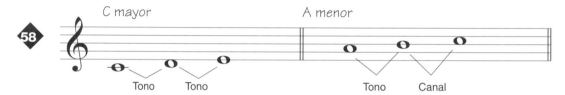

La razón por la que suenan tan diferente (al margen de que comienzan en distinta tónica) es la distancia que existe entre la segunda y tercera nota de la escala. En la escala mayor, este intervalo es de un tono; en la escala menor es de un semitono.

La tonalidad de **A menor** es muy apropiada para tocar la armónica diatónica de C, ya que se utilizan las misma notas; es decir, no hay notas con sostenidos ni con bemoles:

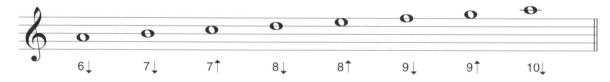

☞ OBSERVACIÓN: la mejor posición para tocar melodías en A menor está entre los canales 6 y 10. Pero todas esta notas (excepto la A más baja) se encuentran también entre los canales 3 y 6.

En esta tonalidad, las notas más comunes son A, C y E. ¿Por qué? Porque estas notas forman el **acorde de A menor**. Toca junto a la música de la pista 59, escuchando particularmente las notas A, C y E (o la frase que hemos escrito), para entender un poco mejor la importancia de improvisar en A menor. No olvides tocar también otras notas de la escala para "condimentar" el sonido…

59 Frases en A menor

40

Aquí puedes escuchar el sonido de A menor en una canción muy popular. ¡Observarás que no agregamos ninguna nota nueva y, sin embargo, obtenemos un sonido muy diferente!

60 When Johnny Comes Marching Home

Tonalidad de E menor

El acorde más común en la tonalidad de **E menor** es (¡adivinaste!) el **acorde de E menor**, que contiene las notas E, G y B. Así es que si estás improvisando sobre una canción en E menor, asegúrate de utilizar estas notas.

☞ OBSERVACIÓN: si colocas la boca en torno a los canales 2 y 3 (sin importar si soplas o aspiras) las melodías sonarán en la tonalidad de E menor, ya que las únicas notas ubicadas allí son E, G y B. Además, los canales 5 al 8 son ideales para canciones en la tonalidad de E menor ya que todas las notas (de E a E) se encuentran allí.

Intenta improvisar junto a la pista 61, poniendo énfasis en las notas E, G y B. Luego, agrega otras notas para tornar más interesantes tus melodías. Te hacemos una pequeña recomendación: evita tocar la nota F (en la siguiente página te explicamos por qué)…

61 Frases en E menor

Al igual que la tonalidad de G, la tonalidad de E menor (técnicamente la relativa menor de G mayor) utiliza el F sostenido. Sin embargo, no necesitas tocarlo; simplemente, ignóralo. También encontrarás canciones en E menor en las que ni siquiera aparece un F sostenido (como por ejemplo en la canción siguiente).

62 St. James Infirmary

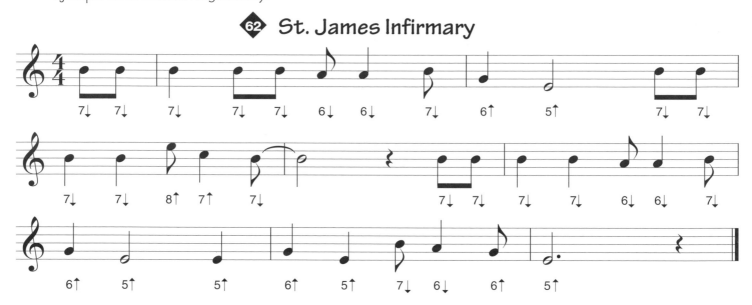

Tonalidad de D menor

Y, por último, pero no por eso menos importante, la tonalidad de **D menor** es también muy divertida, ya que en la armónica también puedes tocar un **acorde de D menor**. Observa cómo las notas de este acorde—D, F, A—se encuentran juntas en los canales 4 al 6 y 8 al 10.

Soplar	C	E	G	C	E	G	C	E	G	C
Canal	1	2	3	4	5	6	7	8	9	10
Aspirar	D	G	B	D	F	A	B	D	F	A

Puedes usar estas notas de a una a la vez en una frase…

63 Frase en D menor

O puedes también utilizar el acorde entero para tocar con la banda…

64 Acordes de D menor

Técnicamente hablando, la tonalidad de D menor requiere de un B bemol. Pero existen muchas canciones en la tonalidad de D menor que no utilizan el B bemol. De hecho, la siguiente canción utiliza un B natural. (Vaya uno a saber…)

65 Scarborough Fair

Ahora que ya conoces cómo tocar un acorde de D menor, vuelve a escuchar "Scarborough Fair", pero esta vez toca únicamente acordes. ¡Eso es!, tómate un descanso mientras alguien más en la banda toca la melodía.

Opciones de acordes menores

¿Te divertiste tocando en la tonalidad de D menor y quieres tocar en otras tonalidades menores? Pues, buena suerte. Los acordes de A menor y E menor contienen notas sopladas y aspiradas; lo que hace que sea imposible tocar todas las notas de estos acordes simultáneamente. Sin embargo, existen alternativas…

Toca las notas del acorde de a una por vez…   o utiliza las opciones de acordes con dos notas de acuerdo a lo aprendido en la Lección 4…

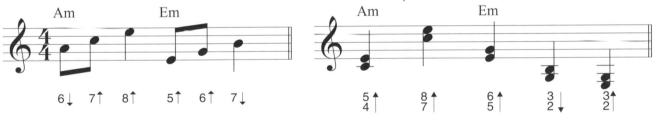

De cualquiera de las dos maneras, podrás tocar e improvisar sin demasiados problemas sobre canciones en tonalidades menores…

66 All Kinds of Minor Jam

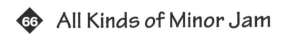

* La barra oblicua indica que debes tocar el acorde correspondiente a ese tiempo.

Es hora de tomarse un descanso y echarle una llamada de teléfono a tus amigos. Diles que aprendan a tocar otros instrumentos con las lecciones de FastTrack® y… ¡formen una banda!

LECCIÓN 9
Es hora de cobrar entrada…

En realidad, ésta no es una lección…¡es una sesión de improvisación!

Todos los libros del método **FastTrack®** (para armónica, guitarra, teclados, bajo eléctrico y batería) contienen esta misma última sección. De esta manera, puedes tocar junto con el audio o formar una banda con tus amigos.

Así es que, tanto si la banda está en el audio o en el garaje de tu casa, ¡que comience la música…!

67 68 Exit for Freedom

completa / sin el
banda / armónica

Balada acústica

Billy B. Badd

¡Bravo! ¡Sigue!!!
Recuerda que debes practicar con frecuencia y aprender siempre
más sobre tu instrumento.

ES BUENO SABER QUE...

A antes de embarcarte en nuevas exploraciones musicales existen un par de cosas que debes saber sobre la armónica. Lo que te vamos a mostrar te ayudará a tocar cualquier tipo de música, en cualquier tonalidad y con cualquier músico.

Debes conocer la tonalidad

Cuando estás tocando con otros músicos es muy importante preguntar en qué tonalidad tocarán cada canción. Si deciden que no tocarán en la tonalidad de C y no te sientes a gusto teniendo que pensar en todas las alteraciones (sostenidos y bemoles) presentes en otras tonalidades, la solución es utilizar una armónica diatónica **afinada en otra tonalidad**.

Las armónicas se fabrican afinadas en todas las tonalidades posibles. Como ya bien sabes, la tuya está afinada en la tonalidad de C. Sin embargo, si tocas las mismas melodías que tocabas en la armónica de C en una armónica de A las notas sonarán más graves. Esto se llama **transposición**.

Por lo tanto, si tocas esto en una
armónica diatónica de A...

sonará así...

Si un músico en tu banda dice: "probemos la misma canción en G", no te preocupes—toma tu armónica de G y toca la canción de la misma manera que lo estabas haciendo; ¡acabas de transponer la canción a la tonalidad de G!

¿Qué debo comprar?

Sin embargo, no es necesario que compres una armónica para cada una de las posibles tonalidades. (De hecho, puedes tener sólo una.) Si estás interesado en comprar otra armónica, a continuación te mostramos las tonalidades más comunes en los distintos estilos musicales:

Estilo	Tonalidad	Armónica
Rock	E, A, G, C	E, A, G, C
Blues	G, A, E, B bemol	C, D, A, E bemol
Pop	C, G, F, D, A	C, G, F, D, A
Folk	C, D, G, A	C, D, G, A

¿Qué debo hacer ahora?

Éstas son algunas sugerencias para ayudarte a mejorar más rápido:

 La repetición es la mejor manera de aprender. Repite los ejercicios de este libro una y otra vez hasta que puedas tocar todas las notas sin siquiera pensarlas.

 Adquiere el libro de canciones para armónica *FastTrack™ Harmonica Songbook*, que incluye canciones de los artistas más populares.

 Disfruta de lo que haces. Así sea que estés tocando, practicando o simplemente guardando la armónica en el bolsillo, hazlo con una sonrisa. La vida es muy corta.

Hasta la próxima...

ÍNDICE DE CANCIONES
(...¿qué libro estaría completo sin él?)